WOLFGANG AMADEUS MOZART

REQUIEM

für vier Solostimmen, Chor und Orchester

Ergänzt durch / Completed by
FRANZ XAVER SÜSSMAYER

K 626

Klavierauszug von / Vocal score by
FRIEDRICH FERDINAND BRISSLER

EDITION PETERS
London Frankfurt/M. Leipzig New York

Inhalt / Contents

INSTRUMENTE DES ORCHESTERS / INSTRUMENTATION

2 Corni di bassetto – 2 Fagotti – 2 Trombe – 3 Tromboni – Timpani
Violini I/II – Viole – Violoncelli – Contrabbassi
Organo

Aufführungsdauer / Duration: ca. 60 min.
Aufführungsmaterial leihweise erhältlich / Orchestral material available for hire

MOZART hat von den einzelnen Sätzen hinterlassen vollständig mit Instrumentation:

Nr. 1	Requiem und Kyrie

vollständig in Singstimmen und Fundamentalbaß, jedoch nur mit Andeutungen der Instrumentation:

Nr. 2	Dies irae
Nr. 3	Tuba mirum
Nr. 4	Rex tremendae
Nr. 5	Recordare
Nr. 6	Confutatis
Nr. 8	Domine Jesu
Nr. 9	Hostias

unvollständig:

Nr. 7	Lacrymosa (Nur die ersten 8 Takte sind von Mozart selbst: Takt 1 und 2 die Violinen und die Viola, Takt 3–8 die vier Singstimmen und der Fundamentalbaß)

SÜßMAYR hat selbständig hinzukomponiert:

Nr. 10	Sanctus
Nr. 11	Benedictus
Nr. 12	Agnus Dei (den ersten Teil bis zum Eintritt des „Lux aeterna", Seite 71)

ergänzt:

Nr. 7	Lacrymosa (von Takt 9 an bis zum Schluß)

sowie die Instrumentation in sämtlichen von Mozart unvollständig hinterlassenen Sätzen.

Der Schluß des Ganzen (Seite 71 bis zu Ende) ist, abgesehen von den durch den neuen Text in den Singstimmen nötig gewordenen Abweichungen, nur Wiederholung des ersten Satzes von Seite 5 Takt 8 an.

MOZART, on his death, left only one of the movements complete and orchestrated:

No. 1	Requiem and Kyrie

The following were complete as far as the vocal parts and the continuo bass line, but with only sketchy instrumentation:

No. 2	Dies irae
No. 3	Tuba Mirum
No. 4	Rex tremendae
No. 5	Recordare
No. 6	Confutatis
No. 8	Domine Jesu
No. 9	Hostias

Unfinished:

No. 7	Lacrymosa (Only the first eight bars are by Mozart himself: bars 1 and 2 in the violins and viola, bars 3–8 in the four voices and the continuo bass line)

SÜßMAYR independently composed and added:

No. 10	Sanctus
No. 11	Benedictus
No. 12	Agnus Dei (The first movement up to the beginning of the Lux aeterna on page 71)

He also completed:

No. 7	Lacrymosa (from bar 9 to the end),

as well as the orchestration in all movements left incomplete by Mozart.

The conclusion of the entire work (page 71 to the end) is, apart from the changes necessitated by the new text of the vocal parts, a repetition of the first section beginning on page 5, bar 8.

Vorwort

Unter den zahlreichen kirchlichen Tonwerkcn höchsten Rangcs, die in die musikalische Weltliteratur übergegangen sind, hat das *Requiem* Mozarts seine eigene Bedeutung. Es ist nicht bloß das vollendetste Kunstwerk unter den Messen des Meisters, sondern es hat auch in der Geschichte der Totenmessen nicht seinesgleichen durch die Schönheit, mit der in ihm die Gegensätze des Textes – die Todesfurcht auf der einen Seite, die Hoffnung auf göttliche Gnade auf der andern – zum Ausgleich gebracht sind. Bis in die Besonderheiten der Instrumentation hinein kommt der Ernst des Sterbens zum Ausdruck, mit voller Schärfe sind die Schrecken des Jüngsten Gerichts in dieser Musik empfunden, aber das Furchtbare ist unter einen milden Grundton gebannt, der an vielen Stellen – am bedeutendsten im „Oro supplex" – überirdischer Natur zu sein scheint, der mit den Mitteln moderner Tonkunst den Geist Palestrinaischer Zeiten erneuert. Den subjektiven Zug seiner Kunst hat hier Mozart hinter strenge liturgische Formen zurückgedrängt, aber trotzdem ist die Wirkung von denkbarster Einfacheit.

WOLFGANG AMADEUS MOZART (geb. 27. Januar 1756 zu Salzburg, gest. 5. Dezember 1791 zu Wien) schrieb das *Requiem* – auf geheimnisvolle Bestellung eines Grafen Walsegg auf Stuppach, der das Werk als Walseggsche Komposition bei einer Trauerfeier für seine verstorbene Gemahlin aufführte – im Jahre 1791 unter der Ahnung des eigenen Todes und hat es nicht vollenden können. Sanctus, Benedictus und Agnus Dei sowie der größere Teil des Lacrymosa sind von Xaver Süßmayr, einem talentvollen, durch mehrere Opern bekannt gewordenen Schüler Mozarts, der mit den Absichten des Meisters genau vertraut, möglicherweise auch verlorengegangene Skizzen Mozarts besaß, komponiert worden.

Die erste Aufführung veranlaßte im Jahre 1792 Baron van Swieten in Wien, zunächst folgten München und Prag. Am Ende des Jahrhunderts war Mozarts *Requiem* schon in ganz Deutschland verbreitet, drang schnell nach allen musikalischen Ländern, selbst über den Ozean und blieb drei Jahrzehnte lang die einzige Totenmesse, die bei feierlichen Gelegenheiten aufgeführt werden konnte. In Paris, wo es Cherubini 1804 eingeführt hatte, diente es noch 1840 bei der Beisetzung Napoleons als offizielles Requiem. Erst in neuerer Zeit haben Seelenmessen anderer Tonsetzer dem Schwanengesang des Meisters von Salzburg an die Seite treten dürfen.

Hermann Kretzschmar

Preface

Among the numerous sacred compositions of the highest rank that have passed into the world's musical literature, Mozart's Requiem has a significance of its own. It is not only the most artistically accomplished of the master's masses, but it is without equal in the history of requiem settings through the beauty with which its contrasting texts – fear of death on the one hand, and hope of God's grace on the other – are brought to a balance. The gravity of death finds expression even in details of the instrumentation; the terrors of the Last Judgement are keenly felt in this music, but horror is banished beneath a gentle tonality, which in many places – particularly in the 'Oro supplex' – seems to be of a heavenly nature, renewing the spirit of Palestrina's age through the resources of modern composition. Mozart here restrained the subjective tendency in his art within strict liturgical forms, but the effect is nevertheless of the greatest simplicity imaginable.

WOLFGANG AMADEUS MOZART (born 27 January 1756 in Salzburg, died 5 December 1791 in Vienna) began the Requiem – to a secret commission from a Count Walsegg-Stuppach, who wanted to pass off the work as his own in a performance at his wife's funeral – in 1791, under the premonition of his own death, and was not able to complete it. The Sanctus, Benedictus and Agnus Dei, as well as most of the Lacrymosa are by Xaver Süßmayr, a talented pupil of Mozart's, known for a number of operas, who composed them faithful to the master's intentions, possibly from sketches of Mozart's in his possession which have since been lost.

The first performance was organized in 1792 by Baron van Swieten in Vienna, followed by performances in Munich and Prague. At the end of the century Mozart's Requiem had already spread throughout Germany, entered all musical lands, even across the ocean, and remained for three decades the only setting of the requiem that could be performed on ceremonial occasions. In Paris, where Cherubini introduced it in 1804, it served again in 1840 at Napoleon's funeral as an official requiem. Not until more recent times have requiem masses by other composers been able to stand alongside the last great work of the Salzburg master.

Hermann Kretzschmar

1a. Requiem

Requiem aeternam dona eis, Domine: et lux perpetua luceat eis. Te decet hymnus, Deus, in Sion, et tibi reddetur votum in Jerusalem: exaudi orationem meam, ad te omnis caro veniet. – Requiem aeternam…

1b. Kyrie

Kyrie, eleison, Christe, eleison. Kyrie, eleison.

2. Dies irae

Dies irae, dies illa
Solvet saeclum in favilla:
Teste David cum Sibylla.

Quantus tremor est futurus,
Quando judex est venturus,
Cuncta stricte discussurus!

3. Tuba mirum

Tuba, mirum spargens sonum
Per sepulcra regionum
Coget omnes ante thronum.

Mors stupebit et natura,
Cum resurget creatura,
Judicanti responsura.

Liber scriptus proferetur,
In quo totum continetur,
Unde mundus judicetur.

Judex ergo cum sedebit,
Quidquid latet, apparebit:
Nil inultum remanebit.

Quid sum miser tunc dicturus?
Quem patronum rogaturus,
Cum vix justus sit securus?

4. Rex tremendae

Rex tremendae majestatis,
Qui salvandos salvas gratis,
Salva me, fons pietatis.

5. Recordare

Recordare, Jesu pie,
Quod sum causa tuae viae:
Ne me perdas illa die.

Quaerens me, sedisti lassus:
Redemisti Crucem passus:
Tantus labor non sit cassus.

Juste judex ultionis,
Donum fac remissionis
Ante diem rationis.

Ingemisco, tamquam reus:
Culpa rubet vultus meus:
Supplicanti parce, Deus.

Qui Mariam absolvisti,
Et latronem exaudisti,
Mihi quoque spem dedisti.

Preces meae non sunt dignae:
Sed tu bonus fac benigne,
Ne perenni cremer igne.

Inter oves locum praesta,
Et ab haedis me sequestra,
Statuens in parte dextra.

1a. Requiem

Herr, gib ihnen die ewige Ruhe, und das ewige Licht leuchte ihnen. O Gott, Dir gebührt ein Loblied in Sion, Dir erfülle man sein Gelübde in Jerusalem. Erhöre mein Gebet; zu Dir kommt alles Fleisch. – Herr, gib ihnen die ewige Ruhe.

1b. Kyrie

Herr, erbarme Dich unser; Christus, erbarme Dich unser; Herr, erbarme Dich unser.

2. Dies irae

Tag der Rache, Tag der Sünden,
Wird das Weltall sich entzünden,
Wie Sibyll und David künden.

Welch ein Graus wird sein und Zagen,
Wenn der Richter kommt, mit Fragen
Streng zu prüfen alle Klagen!

3. Tuba mirum

Laut wird die Posaune klingen,
Durch der Erde Gräber dringen,
Alle hin zum Throne zwingen.

Schauernd sehen Tod und Leben
Sich die Kreatur erheben,
Rechenschaft dem Herrn zu geben.

Und ein Buch wird aufgeschlagen,
Treu darin ist eingetragen
Jede Schuld aus Erdentagen.

Sitzt der Richter dann zu richten,
Wird sich das Verborgne lichten;
Nichts kann vor der Strafe flüchten.

Weh! Was werd ich Armer sagen?
Welchcn Anwalt mir erfragen,
Wenn Gerechte selbst verzagen?

4. Rex tremendae

König schrecklicher Gewalten,
Frei ist Deincr Gnade Schalten:
Gnadenquell, laß Gnade waltcn!

5. Recordare

Milder Jesus, wollst erwägen,
Daß Du kamest meinetwegen,
Schleudre mir nicht Fluch entgegen.

Bist mich suchend müd gegangen,
Mir zum Heil am Kreuz gehangen,
Mög dies Mühn zum Ziel gelangen,

Richter Du gerechter Rache,
Nachsicht üb in meiner Sache,
Eh' ich zum Gericht erwache.

Seufzend steh ich schuldbefangen,
Schamrot glühen meine Wangen,
Laß mein Bitten Gnad erlangen.

Hast vergeben einst Marien,
Hast dem Schächer dann verziehen,
Hast auch Hoffnung mir verliehen.

Wenig gilt vor Dir mein Flehen;
Doch aus Gnade laß geschehen,
Daß ich mög der Höll entgehen.

Bei den Schafen gib mir Weide,
Von der Böcke Schar mich scheide,
Stell mich auf die rechte Seite.

1a. Requiem

Eternal rest give unto them, O Lord and let perpetual light shine on them. A hymn becometh Thee, O God, in Sion: and a vow shall be paid to Thee in Jerusalem. O hear my prayer: all flesh come to Thee. – Eternal rest give unto them, O Lord.

1b. Kyrie

Lord have mercy on us. Christ have mercy on us. Lord have mercy on us.

2. Dies irae

Day of wrath and doom impending,
David's word with Sibyl's blending!
Heaven and earth in ashes ending!

Oh, what fear man's bosom rendeth,
When from heaven the Judge descendeth,
On whose sentence all dependeth!

3. Tuba mirum

Wondrous sound the trumpet flingeth,
Through earth's sepulchres it ringeth,
All before the throne it bringeth.

Death is struck and nature quaking,
All creation is awaking,
To its Judge an answer making

Lo! the book exactly worded,
Wherein all hath been recorded;
Thence shall judgement be awarded.

When the Judge His seat attaineth,
And each hidden deed arraigneth.
Nothing unavenged remaineth.

What shall I, frail man, be pleading?
Who for me be interceding,
When the just are mercy needing?

4. Rex tremendae

King of majesty tremendous,
Who dost free salvation send us,
Fount of pity, then befriend us.

5. Recordare

Think, kind Jesu, my salvation
Caused Thy wondrous Incarnation;
Leave me not to reprobation.

Faint and weary Thou hast sought me,
On the Cross of suffering bought me,
Shall such grace be vainly brought me?

Righteous Judge, for sin's pollution,
Grant Thy gift of absolution,
Ere that day of retribution.

Guilty now I pour my moaning,
All my shame with anguish owning;
Spare, O God, Thy suppliant groaning.

Through the sinful woman shriven,
Through the dying thief forgiven,
Thou to me a hope hast given.

Worthless are my prayers and sighing,
Yet, good Lord, in grace complying,
Rescue me from fires undying.

With Thy sheep a place provide me,
From the goats afair divide me,
To Thy right hand do Thou guide me.

6. Confutatis

Confutatis maledictis,
Flammis acribus addictis:
Voca me cum benedictis.

Oro supplex et acclinis,
Cor contritum quasi cinis:
Gere curam mei finis.

7. Lacrymosa

Lacrymosa dies illa,
Qua resurget ex favilla
Judicandus homo reus.

Huic ergo parce, Deus:
Pie Jesu Domine,
Dona eis requiem. Amen.

8. Domine Jesu

Domine Jesu Christe, Rex gloriae, libera animas omnium fidelium defunctorum de poenis inferni et de profundo lacu: libera eas de ore leonis, ne absorbeat eas tartarus, ne cadant in obscurum:

Sed signifer sanctus Michael repraesentet eas in lucem sanctam:

Quam olim Abrahae promisisti et semini ejus.

9. Hostias

Hostias et preces tibi, Domine, laudis offerimus: tu suscipe pro animabus illis, quarum hodie memoriam facimus: fac eas, Domine, de morte transire ad vitam. Quam olim Abrahae promisisti et semini ejus.

10. Sanctus

Sanctus, Sanctus, Sanctus
Dominus, Deus Sabaoth.
Pleni sunt caeli et terra gloria tua.
Hosanna in excelsis.

11. Benedictus

Benedictus, qui venit in nomine Domini.

Hosanna in excelsis.

12a. Agnus Dei

Agnus Dei, qui tollis peccata mundi:
dona eis requiem.

Agnus Dei, qui tollis peccata mundi:
dona eis requiem.

Agnus Dei, qui tollis peccata mundi:
dona eis requiem sempiternam.

12b. Lux aeterna

Lux aeterna luceat eis, Domine: Cum Sanctis tuis in aeternum: quia pius es.

Requiem aeternam dona eis, Domine: et lux perpetua luceat eis. Cum Sanctis tuis in aeternum: quia pius es.

6. Confutatis

Wird die Hölle ohne Schonung
Den Verdammten zur Belohnung,
Ruf mich zu der Sel'gen Wohnung.

Schuldgebeugt zu Dir ich schreie,
Tief zerknirscht in Herzensreue,
Sel'ges Ende mir verleihe.

7. Lacrymosa

Tag der Tränen, Tag der Wehen,
Da vom Grabe wird erstehen
Zum Gericht der Mensch voll Sünden;

Laß ihn, Gott, Erbarmen finden.
Milder Jesus, Herrscher Du,
Schenk den Toten ew'ge Ruh. Amen.

8. Domine Jesu

Herr Jesus Christus, König der Herrlichkeit, bewahre die Seelen aller verstorbenen Gläubigen vor den Qualen der Hölle und vor den Tiefen der Unterwelt. Bewahre sie vor dem Rachen des Löwen, daß die Hölle sie nicht verschlinge, daß sie nicht hinabstürzcn in die Finsternis.

Vielmehr geleite sie Sankt Michael, der Bannerträger, in das heilige Licht.

Das Du einstens dem Abraham verheißen und seinen Nachkommen.

9. Hostias

Opfergaben und Gebete bringen wir zum Lobe Dir dar, o Herr; nimm sie an für jene Seelen, derer wir heute gedenken. Herr, laß sie vom Tode hinübergehen zum Leben. Das Du einstens dem Abraham verheißen und seinen Nachkommen.

10. Sanctus

Heilig, Heilig, Heilig,
Herr, Gott der Heerscharen,
Himmel und Erde sind erfüllt von
Deiner Herrlichkcit:
Hosanna in der Höhe!

11. Benedictus

Hochgelobt sei, der da kommt im Namen des Herrn!

Hosanna in der Höhe!

12a. Agnus Dei

Lamm Gottes, Du nimmst hinweg die Sünden der Welt: gib ihnen die Ruhe.

Lamm Gottes, Du nimmst hinweg die Sünden der Welt: gib ihnen die Ruhe.

Lamm Gottes, Du nimmst hinweg die Sünden der Welt: gib ihnen die ewige Ruhe.

12b. Lux aeterna

Das ewige Licht leuchte ihnen, o Herr, bei Deinen Heiligen in Ewigkeit: denn Du bist mild.
Herr, gib ihnen die ewige Ruhe, und das ewige Licht leuchte ihnen. Bei Deinen Heiligen in Ewigkeit: denn Du bist mild.

6. Confutatis

When the wicked are confounded,
Doomed to flames of woe unbounded,
Call me, with Thy Saints surrounded.

Low I kneel, with heart submission!
See, like ashes my contrition!
Help me in my last condition!

7. Lacrymosa

Ah! that day of tears and mourning!
From the dust of earth returning,
Man for judgement must prepare him;

Spare, O God, in mercy spare him!
Lord, all pitying, Jesu blest,
Grant them Thine eternal rest. Amen.

8. Domine Jesu

Lord Jesus Christ, King of glory, deliver the souls of all the faithful departed from the pains of hell, and from the deep pit. Deliver them from the lion's mouth, lest hell swallow them, lest they fall into darkness:

And let the standard-bearer, St. Michael, bring them into the holy light.

Which Thou didst promise of old to Abraham and his seed.

9. Hostias

We offer Thee, O Lord, a sacrifice of praise and prayer: accept them in behalf of the souls we commemorate this day; and let them, O Lord, pass from death to life. That life which Thou didst promise of old to Abraham and his seed.

10. Sanctus

Holy, Holy, Holy,
Lord of Hosts.
Heaven and earth are full of Thy glory.
Hosanna in the highest!

11. Benedictus

Blessed is He that cometh in the name of the Lord.

Hosanna in the highest!

12a. Agnus Dei

Lamb of God, who takest away the sins of the world, give them rest.

Lamb of God, who takest away the sins of the world, give them rest.

Lamb of God, who takest away the sins of the world, give them eternal rest.

12b. Lux aeterna

Let eternal light shine upon them, O Lord, with Thy saints for ever, because Thou art merciful.
Eternal rest give unto them, O Lord: and let perpetual light shine upon them With Thy saints for ever because Thou art merciful.

Nº 1. Requiem.

Klavier-Auszug von F. Brissler.

Do_mi_ne! re_ _qui_em ae_ ter_ _nam do_na e_is, Do_mine!
_ _mi_ne! do_na, do_ _na e_ _is, Do_mine! do_na e_is, Do_ _mine!
re_ quiem ae_ter_ _nam do_ _na e_is, Do_mine e_is, Do_ _mine!
do_na e_is, Do_mine! re_qui_ _em ae_ _ter_nam do_na e_is, Do_ _mine!
Trombe, Timp.
m.d.
B
et lux perpe_tua, et lux perpe_tu_a lu_ceat, lu_ce_at e_
et lux perpe_tua, et lux perpe_tu_a lu_ceat, lu_ce_at e_
et lux perpe_tua, et lux perpe_tu_a lu_ceat, lu_ce_at e_
et lux perpe_tua, et lux perpe_tu_a lu_ceat, lu_ce_at e_
p
Fag., Corni di B.
is!
is!
is!
is!
Solo.
Te de_ _cet hym_
Viol.

nus, De - us in Si - on,
et ti - bi red - de - tur
vo - tum in Je - ru - - - sa - lem.
C
Tutti.
Tutti.
Tutti.
Tutti.
Ex - au - di,
ex - au - di,
Ex - au - di,
ex - au - di,
ex -
Ex - au - di,
ex - au - di,
ex -
Ex - au -
C
Corni di B.
- - di
o - ra - ti - o - nem me - - am!
ex - au - di o - ra - - ti - o - nem me - - am!
ad te,
au - - di o - ra - ti - o - nem me - - - - am!
ad te, ad
au - di, ex - au - di o - ra - ti - o - nem me - - am!
ad te, ad

ad te om - nis ca - ro ve - - ni et.
ad te om - nis, om - nis ca ro ve ni et.
te om - - - - nis, om nis ca ro ve - - ni - et.
te, ad te om nis, om nis ca - - ro ve - ni - et.
Corni di B.
D
Do - na, do - - na e - - is,
Re -
Re - - qui em ae ter - - - - - - - -
Viol.
D
Do - na, do - - na e - - - - - - - is, Do - mine! do - - na.
Do mine! do - na, do na e - - is re - - qui em ae ter - - -
- qui em ae ter - - nam do - na, do - na
nam do - na, do - - na e is, e - is

Edition Peters

lu - ce-at e-is, et lux per- -pe-tu-a lu-ce at
pe - tu-a lu - ce-at e-is, et lux per- -pe-tu-a lu-ce-at
pe - tu-a lu - ce-at e-is, et lux per- -pe-tu-a lu-ce-at
pe - tu-a lu - ce-at e-is, et lux per- -pe-tu-a lu-ce-at
legato
Allegro.
e - - - is!
e - - - is!
e - - - is!
e - - - is! Ky-ri-e e-le- - i-son, e-le- - - - - - -
Christe e-le- - - - - - - - - - -
Allegro.
Ky- - ri - e e- -le- -i-son, e-le- - - -
- - - - - i - son!
Christe e-le- - - - - - - -
- - - - - i- - son, e-le-i-son! Ky- - - - ri-

F
i - son, e - le - i - son, e - le -
f
Ky - ri - e e - le - i - son, e -
i - son, e - le - i - son!
e e - le - i - son, e - le - i - son! Christe e - le -
F
i - son, e - le - i - son! Christe e -
le - i - son, e - le - i - son,
Ky - ri - e e - le - i -
i - son, e -
G
le - i -
e - le - i - son, e - le - i - son, e -
son, e - le -
le - i - son, e - le - i - son, e - le - i - son,
G

son! Ky-ri-e e-le-i-son, e-le-
le-i-son! Ky-ri-e e-lei-son, e-lei-son,
-i-son, e-le-i-son!
e-le-i-son! Christe e-le-
H
-i-son! Christe e-le-
e-le-i-son! Christe e-le-
Ky-ri-e e-le-i-son, e-
-i-son!
H Trombe.
-i-son!
-i-son! Chri-ste e-
le-i-
Ky-ri-e e-le-i

I
Ky - ri -
le - i -
son, e - le - i -
son, e - le - i -
I
e e - le - i - son, e - le - i -
son, e - le - i - son, e - le - i - son!
son! Christe e - le - i - son! Christe e -
son, e - le - i - son! Ky - ri - e e - le - i -
K
son, e - le - i - son, e - le - i - son,
Ky - ri - e e - le - i -
le - i - son, e - le - i - son!
son, e - le - i - son! Christe e -
K

L
e - le - - - i - son! Christe e -
son! Chri-ste e - le - - - - - i -
Chri-ste e - le - - - - - - i - son, e - le - - - - i -
le - - - - - - - i - son, e - le - - - - - i - son!
L
le - - - - - - - i - son, e - le - - - - - i - son!
son, e - le - - - - i - son! Ky - ri - e e - lei - son, e - le - - -
son, e - le - i - son! Ky - ri - e, Ky - ri - e e - le - i -
Chri-ste e - le - - - - - - - i - son! Ky - ri - e e -
Trombe, Timp.
M
Christe e - le - - - - - - - - - - i - son, e -
- - i - son, e - lei - - son! Ky - ri - e e -
son! Ky - ri - e e - le - i - son, e - le - - - - i - son, e -
le - i - son, e - le - - - - - - - - - i - son, e -
M

N
le - i - son, e - le - i - son!
Christe e -
le - i - son! Ky - ri - e e - le - i - son, e - le - i -
le - i - son, e - le - i - son, e - le - - - - - i - son, e -
le - i - son! Christe e - le - - - i -
N
le - - - - i - son! Christe e - le - - -
son! Christe e - le - - - - i - son! Ky - ri - e, Ky - ri
le - i - son, e - le - i - son, e - le - i - son! Ky - ri - e, Ky - ri
son, e - le - i - son, e - le - i - son, e - le - i - son, e - le -
Adagio.
- i - son, e - le - i - son! Ky - ri - e e - le - i - son!
e e - le - i son! Ky - ri - e e - le - i son!
e e - le - i - son! Ky - ri - e e - le - i - son!
- i - son, e - le - i - son! Ky - ri - e e - le - i - son!
Trombe, Timp.
Adagio.

№ 2. Dies irae.

Edition Peters

tre - mor est fu - tu - - - rus, quan - - - - - - do
tre - mor est fu - tu - - - rus, quan - - - - - - do
quan - - - - tus tre - mor est fu - tu - - - - - rus,
tre - mor est fu - tu - - - rus, quan - - - - - - do
ju - dex est ven - tu - - - rus, cun - - - cta
ju - dex est ven - tu - - - rus, cun - - - cta
quan - - - - do ju - dex est ven - tu - - rus, cun - - - cta
ju - dex est ven - tu - - - rus, cun - - - cta
stri - - cte dis - cus su - - - rus.
stri - - - - cte dis - cus su - - - rus.
stri cte stri - cte dis - cus su - - - rus.
stri - - cte dis - cus su - - - rus.
Streichinstr.

P
Di - - - es
Di - - - es
Di - - - es
Di - - - es
P Tutti.
i - rae di - - - - es il - la solvet saeclum in fa -
i - rae di - - - - es il - la solvet saeclum in fa -
i - rae di - - - - es il - la solvet saeclum in fa -
i - rae di - - - - es il - la solvet saeclum in fa -
vil - la te - ste Da - vid cum Sy - bil - la.
vil - la te - ste Da - vid cum Sy - bil - la.
vil - la te - ste Da - vid cum Sy - bil - la.
vil - la te - ste Da - vid cum Sy - bil - la.
tr

Q
Quan - - - - tus tre - mor est fu -
Quan - - - - tus tre - mor est fu -
Quan - - - - tus tre - mor est fu -
Quan - - - - tus tre - mor est fu -
Q
tu - - rus quan - - - - - do ju - dex est ven -
tu - - rus quan - - - - - do ju - dex est ven -
tu - - rus quan - - - - - do ju - dex est ven -
tu - - rus quan - - - - - do ju - dex est ven -
tu - - rus, cun - - - cta stri - - - cte
tu - - rus, cun - - - cta stri - - cte
tu - - rus. cun - - - cta stri - - - cte
tu - - rus, cun - - - cta stri - - - cte

R
dis - cus - su - rus Di - es
dis - cus - su - rus Di - es
dis - cus - su - rus Di - es
dis - cus - su - rus. Quantus tre - mor est fu - tu - rus.
R
sf
i - rae, di - es il - la, di - es
i - rae, di - es il - la, di - es
i - rae, di - es il - la, di - es
quantus tre - mor est fu - tu - rus
sf
S
i - rae, di - es il - la, quan - tus
i - rae, di - es il - la, quan - tus
i - rae, di - es il - la, quan - tus
quantus tre - mor est fu - tu - rus, quan - tus
S
sf

tre - mor est fu - tu - rus, quan-do ju - dex est ven -
tre - mor est fu - tu - rus, quan-do ju - dex est ven -
tre - mor est fu - tu - rus, quan-do ju - dex est ven -
tre - mor est fu - tu - rus, quan-do ju - dex est ven -
tu - rus, cuncta stri - cte dis - cus - su - rus.
tu - rus, cuncta stri - cte dis - cus - su - rus.
tu - rus, cuncta stri - cte dis - cus - su - rus.
tu - rus, cuncta stri - cte dis - cus - su - rus.
T
cun - cta stri - cte, stri - cte
cun - cta stri - cte, stri - cte
cun - cta stri - cte, stri - cte
cun - cta stri - cte, stri - cte
T

dis - cus - su - - rus, cun - - cta stri - cte,
dis - cus - su - - rus, cun - - cta stri - cte,
dis - cus - su - - rus, cun - - cta
dis - cus su - - - rus, cun - cta
stri - cte dis - cus - su - - rus.
stri - cte dis - cus - su - - rus.
stri - cte, stri - cte dis - cus - su - - rus.
stri - cte, stri - cte dis - cus - su - - rus.

Nº 3. Tuba mirum.

Edition Peters

tu-rus? cum vix ju-stus, ju-stus sit se-
mfp
Sopr. Solo.
d
sotto voce
cu - rus? cum vix ju-stus, ju-stus sit se-
Alto Solo.
sotto voce
cum vix ju-stus, ju-stus sit se-
Ten. Solo.
sotto voce
cum vix ju-stus, ju-stus sit se-
Basso Solo.
sotto voce
cum vix ju-stus, ju-stus sit se-
d
Fag., Corni di B.
sfp
sfp
f p cresc. f
cu-rus, cum vix ju-stus, vix ju-stus sit se - cu- - -rus?
f p cresc. f
cu-rus, cum vix ju-stus, vix ju-stus sit se - cu- - -rus?
f p cresc. f
cu-rus, cum vix ju-stus, vix ju-stus sit se - cu- - rus?
f p cresc. f
cu-rus, cum vix ju-stus, vix ju-stus sit se - cu- - -rus?
f p cresc. f p

Nº 4. Rex tremendae.

sta - - - - - - tis, rex tre men - - - - - - dae ma - je -
- tis, rex tre - men - - - - - dae ma - je - sta - - - - - -
gra - tis, qui sal van - dos sal - vas gra - -
sal - vas gra - tis, sal - vas gra - - - - - -
V
sta - tis, rex tre - men - dae ma - je sta - tis, qui sal -
tis, rex tre - men - dae ma - je sta - tis,
- tis, rex tre - men - dae ma - je sta tis, rex tre - men - - - - -
tis, rex tre - men - dae ma - je sta - tis, rex tre -
V
van - dos sal - vas gra - tis, rex tre - men - - -
qui sal - van - dos sal - vas gra - tis,
- dae ma - je - sta - - - - tis, rex tre - men - - - - -
men - - - - - dae ma - je - sta - - - - - - - tis, rex tre -

-dae.rex tre_men-dae ma_-je-sta-tis, qui sal_van-dos sal_vas
rex tre_men-dae ma_-je-sta-tis, qui sal_van-dos sal_vas
-dae.rex tre_men-dae ma_-je-sta-tis, qui sal_van-dos sal_vas
men-dae.rex tre_men-dae ma_-je-sta-tis, qui sal_van-dos sal_vas
gra-tis, sal_va me!
gra-tis, sal_va me!
gra-tis,
gra-tis,
W
sal_va me!
sal_va me!
sal-va me,fons pi_e-ta-tis!
sal-va me,fons pi_e-ta-tis!
sal-va me,fons pi_e-ta-tis!
sal-va me,fons pi_e-ta-tis!

№ 5. Recordare.

Andante.
Corni di Bassetto.
Piano.
p
Vcello.
Viol.
Soprano Solo.
Alto Solo.
Tenore Solo.
Basso Solo.
e
Re - - - - - cor -
Re - - -
da - - - - - re Je - su pi - e,
quod
- - cor - da - re Je - - su pi - - e,
f

sum cau - - sa tu - ae vi -
quod sum cau - sa tu - ae vi -
tr
tr
g
ae, ne me per - das il la di - e,
ne me per - das,
ae, ne me per - das il - la di - e,
ne me per - das il - la di - e, ne me
g
Corni di B.
ne me per - das il - la di - e!
ne me per - das il - la di - e!
ne me per - das il - la di - e!
per - das, per - das il - la di - e!
Viol.
mf
Vcello.

h
Se - dis - ti
Se - dis - ti
Quae - rens me,
Quae - rens me,
h
p
las - sus,
las - sus,
cru - cem pas - sus,
cru - cem pas - sus,
re - de - mi - sti
re - de - mi - sti
i
tan - tus la - bor non sit cas - sus, tan - tus la-bor
tan - tus la - bor non sit cas - sus, tan - tus la-bor
tan - tus la - bor non sit cas - sus, tan - tus la-bor
tan - tus la - bor non sit cas - sus, tan - tus la-bor
i Corni di B.

k
non sit cas - sus! Ju - ste ju - dex
non sit cas - sus!
non sit cas - sus! Ju - ste ju -
non sit cas - sus!
mf
p
Vcello.
ul - ti - o - nis, do - num fac re - mis - si - o - nis,
- dex ul - ti - o - nis, do - num fac re - mis - si - o - nis,
an - te
l
an - te di - em ra - ti - o - nis, an - te
an - te di - em, an - te
an - te di - em ra - ti - o - nis, an - te
di - em ra - ti - o - nis, an - te di - em,
Corni di B.

Edition Peters

n
can - ti par - ce, De - us! qui Ma - ri - am ab - sol - vi - sti,
can - ti par - ce, De - us!
can - ti par - ce, De - us! et la - tro - nem ex - au -
can - ti par - ce, De - us!
mi - hi quo - que spem de - di - sti, mi - hi quo - que spem de - di - sti.
mi - hi quo - que, mi - hi quo - que spem de - di - sti, spem de - di - sti.
di - sti, mi - hi quo - que, mi - hi quo - que spem de - di - sti.
mi - hi quo - que spem de - di - sti.
fp
O
Pre - ces me - ae non sunt di -
Pre - ces me - ae non sunt di -
O Corni di B.

sed tu bo - - - - - - - nus, fac be-
gnae,
sed tu bo - - - - - - nus, fac be-
gnae,
ni - - - gne, ne per-en-ni cre-mer i-gne!
ne per-en-ni cre-mer i-gne!
ni - - - gne, ne per-en-ni cre-mer i-gne!
ne per-en-ni cre-mer i-gne!
p
in-ter o - - ves lo-cum prae - - sta
in-ter o - - ves lo-cum prae - - sta
in-ter o - - ves lo-cum prae - - sta
in-ter o - ves lo - cum prae - sta et ab
sf
sf
p
p

q
et ab hoe-dis me — se-que- -stra, sta- -tu-ens in —
et — ab hoe-dis me se-que- -stra, sta- -tu-ens in
et — ab hoe-dis me se-que- -stra, sta- -tu-ens in
hoe-dis, ab hoe-dis me se-que- -stra, sta-
q
par- - - - -te dex- -tra, sta -tu-ens in — par- - - -
par- - - - -te dex- -tra, sta- -tu-ens in par- - - -
par- - - - -te dex- -tra, sta- -tu-ens in par- - - -
-tu-ens in par- -te dex- -tra, sta- -tu-ens in par-
-te dex- -tra!
-te dex- -tra!
-te dex- -tra!
-te dex- -tra! Viol.
mf
tr

Nº 6. Confutatis.

vo - - ca me, vo - - ca me cum be.ne - di - - ctis!
vo - - ca me, vo - - ca me cum be.ne - di - - ctis!
Con - fu
Tromb.
B
Con - fu.ta - - tis ma - le.di - - ctis,
ta - - tis ma - le - di - - ctis, flam.mis
B
flam - - - mis a - cri.bus ad - di - ctis, con - fu.ta - tis ma - le
a - cri.bus ad.di - ctis, con - fu - ta - tis ma - le.di - ctis, ma - le

C
sotto voce
Vo - - - - ca, vo - - ca me cum bene
sotto voce
Vo - - - - ca, vo - - ca me.
di - ctis, flam - mis a - cribus ad - di - ctis.
di - ctis, flam - mis a - cribus ad - di - ctis.
Corni di Bassetto.
C
p
Viol.
di - ctis, cum be - - ne - di - - ctis, vo - - ca me, vo - - ca me,
vo - - ca me cum bene - di - - ctis, vo - - ca me. vo - ca
vo - - ca me cum be - ne - di - - - - - - - ctis!
me cum be - - ne - di - - - - - - - ctis!
Corni di B., Fag., Tromb.

D
p
O - ro supplex et ac - cli - nis,
cli - nis.
cli - nis,
cli - nis,
D
E
cor con - tri - tum qua - si
E

F
ci - nis. Ge - re
ci - nis. Ge - re
ci - nis. Ge - re
ci - nis. Ge - re
F
cu - ram, ge - re cu - ram me - i
cu - ram, ge - re cu - ram me - i
cu - ram, ge - re cu - ram me - i
cu - ram, cu - ram me - i
fi - nis!
fi - nis!
fi - nis!
fi - nis!
attacca:

Nº 7. Lacrymosa.

di - - es il - la. qua re-sur - get ex fa-vil - la
di - - es il - la, qua re-sur - get ex fa-vil - la
di - - es il - la, qua re-sur - get ex fa-vil - la
di - es il - la, qua re - sur - get ex fa - vil - la
ju - - di-can - dus ho - mo re - us. Hu - ic er - go
ju - - di-can - dus ho - mo re - us. Hu - ic er - go
ju - - di-can - dus ho - mo re - us. Hu - ic er - go
ju - di - can - dus ho - mo re - us. Hu - ic er - go
H
par - ce De - us, pi - e Je - su, Je - su Do - mi - ne!
par - ce De - us, pi - e Je - su, Je - su Do - mi - ne!
par - ce De - us, pi - e Je - su, Je - su Do - mi - ne!
par - ce De - us, pi - e Je - su, Je - su Do - mi - ne!
Corni di Bassetto.

I
f
Do - na e - is re - quiem!
Do - na e - is re - quiem!
Do - na e - is re - quiem!
Do - na e - is re - quiem!
do - na e - is, do - na e - is re -
do - na e - is, do - na e - is
do - na e - is, do - na e - is re -
do - na e - is, do - na e - is re -
- qui - em! A - men!
- qui - em! A - men!
- qui - em! A - men!
- qui - em! A - men!
trem.

No. 8. Domine Jesu.

ni, de poe-nis in-fer - - - - - - - - - - ni et de pro-fun - - - do
ni, de poe - nis in-fer - - - - - ni et de pro-fun - - do
ni, de poe - nis in-fer - - - - - ni et de pro-fun - do
ni, de poe - nis in-fer - ni et de pro-fun - do
la - - - - - - cu!
L
Li - be-ra, li - be-ra
Li - be-ra
Li - be-ra
Li - be-ra
e - - - as de o - re le - o - nis! Li - be-ra, li - be-ra
e - - - as de o - re le - o - nis! Li - be-ra
Tutti.

M
e - - - - as de o - re le - o - nis!
e - - - - as de o - re le - o - nis!
e - - - - as de o - re le - o - nis! Ne ab-sor-be-at e - as
e - - - - as de o - re le - o - nis.
Corni di Bass.e Fag
Ne ab-sor-beat e-as tar-tarus, ne ca-dant in ob-
tar-tarus, ne cadant in ob-scurum, ne cadant, ne cadant in ob-scu-
N
Ne ab-sor-beat e-as tar-tarus, ne cadant in ob-scurum, ne cadant.
scurum, ne cadant, ne ca-dant in ob-scu-rum, ne cadant, ne
rum, ne cadant, ne ca-dant, ne cadant in ob-scurum; ne cadant, ne
Ne ab-sor-beat e-as

Edition Peters

praesentet e - - as in lu-cem san - - - - - ctam,
sen - tet, repraesentet e - - - - as in lucem san - - - - ctam,
sen - tet e - - as in lu - - - cem san - - - - ctam,
sen-tet e - as, re - prae-sentet e - as in lucem san - - - - ctam,
f
O
Tutti.
quam olim A - brahae pro - mi -
Tutti.
quam olim A - brahae pro - mi - si - sti et - se-mi-ni e - - jus
O Tutti.
Tutti.
quam o-lim
Tutti.
quam o-lim A - brahae pro - mi - si - sti
si - sti, quam o-lim A - brahae et semini e - - jus pro - mi -
quam o-lim A - brahae pro - mi - si - sti, pro - mi - si-sti,

P
A - brahae pro - mi - si - sti, quam o-lim A - brahae pro - mi -
et se-mi-ni e - jus, quam o-lim A - brahae pro - mi - si - sti
si - sti, pro - mi - si-sti,
P
si - sti,
pro - mi - si - sti
et se-mi-ni e - jus, quam o-lim A - brahae
quam o-lim A - brahae pro - mi - si - sti, quam o-lim
et se-mi-ni e - jus,
Q
et semini e - jus, quam o-lim
et semi-ni e - jus pro - mi - si - sti, quam o-lim
A - brahae pro - mi - si - sti, quam o-lim A - brahae, quam o-lim
et semi-ni e - jus, quam o-lim A - brahae
Q

R
A-brahae pro-mi-si-sti, pro-mi-si- - - - sti, quam o-lim A-brahae
A-brahae pro-mi-si-sti, pro-mi-si- - - - sti, quam o-lim
A-brahae pro-mi-si-sti, pro-mi-si- - - - sti, quam o-lim
pro-mi-si-sti, pro-mi-si- - - - sti, quam o-lim
R
pro-mi-si-sti, quam o-lim A-brahae pro-mi-si-sti
A-brahae pro-mi-si-sti, quam o-lim A-brahae pro-mi-
A-brahae pro-mi-si-sti, quam o-lim A-brahae pro-mi-
A-brahae pro-mi-si-sti, quam o-lim A-brahae pro-mi-
S
et se- - -mi-ni e- - -jus, et se- - - -
si-sti et se-mi-ni e- - -jus, et
si-sti et se-mi-ni e- - -jus,
si-sti et se-mi-ni e- - -jus, et
S
Viol.

- - mi-ni e - - - - - - - - - jus, et se-mi-ni e - - -
se - - - - - - - - - - - - - mi-ni, se-mi-ni e - - -
et se - - - - - - - - - - - mi-ni, se-mi-ni e - - -
se - - - - - - - - - - - - - - mi-ni, se-mi-ni e - -
T
jus, quam o-lim A - brahae pro - mi - si - sti, quam o-lim
jus, quam o-lim A - brahae pro - mi - si - sti, quam o-lim
jus, quam o-lim A - brahae pro - mi - si - sti, quam o-lim
jus, quam o-lim A - brahae pro - mi - si - sti, quam o-lim A-brahae promi -
Tutti.
A-brahae promi - si - - sti et se - - - - mi-ni e - - - - jus.
A-brahae promi - si - - sti et se - mini, se - mi-ni e - - - - jus.
A-brahae promi - si - - - sti et se - mini, se - mi-ni e - - - - jus.
si - sti, promi - si - - sti et se - mini, se - mi-ni e - - - - jus.

Nº 9. Hostias.

Larghetto.
Soprano.
Alto.
Tenore.
Basso.
Tutti.
p
Hostias et preces tibi Domine! tibi Domine! laudis offerimus; tu
suscipe pro animabus illis. quarum hodie me.
suscipe pro animabus illis, quarum hodie,
Larghetto.
Corni di B., Fag.
Piano.
U
V

W
mo - riam fa - - - - - ci mus! Ho - sti -
ho - di e me mo - ri am fa - ci mus! Ho - sti -
ho - di e me mo - ri am fa - ci mus! Ho - sti -
ho - di e me mo - ri - am fa - ci - mus! Ho - sti -
X
as et pre - - - ces ti - - bi Do - mi -
as et pre - - - ces ti - - bi Do - mi -
as et pre - - - ces ti - - bi Do - mi -
as et pre - - - ces ti - - bi Do - mi -
cresc.
Y
ne! lau - - dis of - fe - - ri mus; tu sus - ci pe
ne! lau - - dis of - fe - - ri mus; tu sus - ci pe
ne! lau - - dis of - fe - - ri mus; tu sus - ci pe
ne! lau - - dis of - fe - - ri mus; tu sus - ci pe
cresc.

pro a-ni-ma-bus il-lis, quarum ho-di-e, ho-di-e me-
pro a-ni-ma-bus il-lis, quarum ho-di-e, me-mo-ri-am
pro a-ni-ma-bus il-lis, quarum ho-di-e, me-mo-ri-am
pro a-ni-ma-bus il-lis. quarum ho-di-e, ho-di-e me.
mo-ri-am fa-ci-mus. Fac e-as,
fa-ci-mus. Fac e-as,
fa-ci-mus. Fac e-as,
mo-riam fa-ci-mus. Fac e-as,
Viol.
Z
Do-mine! de mor-te trans-i-re ad vi-tam,
Do-mine! de mor-te trans-i-re ad vi-tam,
Do-mine! de mor-te trans-i-re ad vi-tam,
Do-mine! de mor-te trans-i-re ad vi-tam.

Andante.
f
quam o_lim A_brahae pro_mi_si_sti
f
quam o_lim A_brahae pro_mi-
et se_mi_ni e_jus,
Andante. con Tromboni.
f
f
quam o_lim
f
quam o_lim A_brahae pro_mi_si_sti
si_sti, quam o_lim A_brahae et se_mini e_jus pro_mi-
quam o_lim A_brahae pro_mi_si_sti, pro_mi_si_sti,
A
A_brahae pro_mi_si_sti, quam o_lim A_brahae pro_mi-
et se_mi_ni e_jus, quam o_lim A_brahae pro_mi_si_sti,
si_sti, pro_mi_si_sti,
A

si - - sti,
et se - mi - ni e - - - jus, quam o - lim
quam o - lim A - brahae pro - - mi - si - - sti,
et se - mi - ni
B
pro - - mi - si - - sti
A - bra - hae et se - mi - ni e - - jus
quam o - lim A - - bra - hae pro - - - mi -
e - - - jus,
B
et se - mi - ni e - - - jus, quam o - lim
pro - - mi - - si - - sti, quam o - lim
si - - sti, quam o - lim A - bra - hae, quam o - lim
et se - mi - ni e - - jus, quam o - lim A - - bra - hae

C
A - brahae pro - mi - si - sti, promi - si - - - - sti, quam o - lim A - brahae
A - brahae pro - mi - si - sti, promi - si - - - - sti, quam o - lim
A - brahae pro - mi - si - sti, promi - si - - - - sti, quam o - lim
pro - mi - si - sti, pro - mi si - - - - sti, quam o - lim
pro - mi - si sti, quam o - lim A - brahae pro - mi - si - sti
A - brahae pro - mi - si - sti, quam o - lim A - brahae pro - mi -
A - brahae pro - mi - si - sti, quam o - lim A - brahae pro - mi -
A - brahae pro - mi - si - sti, quam o - lim A - brahae pro - mi -
D
et se - - - - mi - ni e - - - jus, et se - - - - -
si - sti et se - mi - ni e - - - jus, et
si - sti et se - mi - ni e - - - jus,
si - sti et se - mi - ni e - - - jus, et
Viol.
p

mini e - jus, et se - mi - ni e -
se - mi - ni, se - mi - ni e -
et se - mi - ni, se - mi - ni e -
se - mi - ni. se - mi - ni e -
E
jus, quam o - lim A - brahae pro - mi - si - sti, quam o - lim
jus, quam o - lim A - brahae pro - mi - si - sti, quam o - lim
jus, quam o - lim A - brahae pro - mi - si - sti, quam o - lim
jus, quam o - lim A - brahae pro - mi - si - sti, quam o - lim Abrahae promi -
E Tutti.
Abrahae promi - si - sti et se - mi - ni e - jus.
Abrahae promi - si - sti et se - mini, se - mini e - jus.
Abrahae promi - si - sti et se - mini, se - mini e - jus.
si - sti, promi - si - sti et se - mini, se - mini e - jus.

Nº 10. Sanctus.

Allegro.
glo - ri - a, glo - ri - a tu - - - - - - - - - a.
glo - ri - a, glo - ri - a tu - - - - - - - - - - - a.
glo - ri - a, glo - - - - - - ri - a tu - - - - - a.
glo - ri - a, glo - - - - - - - - ri - a tu - - - - - - a. O - sanna in ex-
Allegro.
senza Corni di B.
O - - sanna in ex - cel - - - - - - - - sis! O-
O - - san - na
cel - - - - - - - - sis! O - san - na in ex - cel - - - - - - - -
m.d.
m.s.
G
O - - san - na in ex - cel - - -
in ex - cel - - - - - - - - - - - - - sis! O - san - - -
- - - - - san - - - - - - - - - - na in ex - cel -
sis, in ex - cel - - - - - - - - - sis!
G
m.d.
m.s.

Nº 11. Benedictus.

Solo.
Be - ne.dictus, qui ve.nit in
Solo.
Be - ne.dictus, qui venit in no - mi.ne Do - - mini!
no . mine Domini, in no.mi.ne Do - mi - ni! Bene.dictus, qui
Benedictus, qui ve.nit in nomine Do - mi -
Solo.
Bene.dictus, qui
Solo.
Benedi - ctus, qui ve.nit
con Tromboni.
ve - nit, bene - di - ctus,qui ve - nit in no - - - - mi - ne
ni! Bene.di - ctus,qui ve - - - - - nit in no - - - - mi - ne
ve.nit, be.ne.di - ctus,qui ve - nit in no - mi - ne
in no.mine Do - - mi - ni! Be.ne - di - ctus,qui ve - nit in no - mi - ne

Edition Peters

ve_nit in no_mi_ne Do_mi_ni!
ve_nit in no_mi_ne Do_mi_ni!
ve_nit in no_mi_ne Do_mi_ni!
in no_mi_ne Do_mi_ni!
sf p sf
m.s.
t
Be_ne_dictus, qui venit in
Be_ne_dictus, qui ve_nit in no_mi_ne Do_mini!
p
u
Benedi_ctus, qui ve_nit in
Bene_di_ctus, qui ve_nit
no_mi_ne Do_mi_ni! Benedi_ctus, qui
Bene_
Corni di B.

no - mi - ne Do - - mi - ni, qui ve - nit in no - - mi - ne Do - - - mi -
in no - mi - ne Do - mini, qui ve - nit in no - - mi - ne Do - - mi -
ve - nit in no - mi - ne Do - mini, qui ve - nit in no - - mi - ne Do - - mi -
di - ctus, qui ve - nit, qui ve - nit in no - - - - - - mi - ne Do - - mi -
cresc.
V
ni! Bene - di - ctus, qui ve - nit, bene -
ni! Bene - di - ctus, qui ve - nit in no - mine Do - mi -
ni! Bene - di - ctus, qui ve - nit in no - mine Do - mi -
ni! Bene - di - ctus, qui ve - nit, in no - mi - ne
V
fp
Tromboni.
di - ctus, qui ve - nit in no - - - - - mi - ne Do - - mi - ni! Bene - di - ctus,
ni, qui ve - nit in no - - - - - - mi - ne Do - - mi - ni! Bene -
ni! Be - ne - di - ctus, qui ve - nit in no - mi - ne Do - - mi - ni! Bene -
Domini! Bene - di - ctus, qui ve - nit in no - mi - ne Do - - mi - ni! Benedi - ctus,

W
qui ve - nit in no - mi - ne, in no - mi - ne Do - mi - ni! Bene-
di - ctus, qui ve - nit in no - mi - ne, in no - mi - ne Do - mi - ni! Bene-
di - ctus, qui ve - nit in no - mi - ne, in no - mi - ne Do - mi - ni! Benedi - ctus,
qui ve - nit in no - mi - ne Do - mi - ni! Benedi - ctus,
f
W
f
di - ctus, qui ve - nit, qui ve - nit, qui ve - nit in no - mine Do - mi -
di - ctus, qui ve - nit, qui ve - nit, qui ve - nit in no - mi - ne Do - mi -
qui ve - nit, qui ve - nit in no - mine Do - mini, in no - mi - ne Do - mi -
qui ve - nit, qui ve - nit in no - mine Do - mini, in no - mi - ne Do - mi -
dol.
p
ni!
ni!
ni!
ni!
ff Trombe, Tromboni
sf

Allegro.
Tutti.
Tutti.
Tutti.
O - sanna in - ex - cel - sis! O - san - na in - ex - cel - sis!
Allegro.
H
Tutti.
O - san - na in - ex - cel - sis!
m.d.
m.s.
m.d.

Nº 12. Agnus Dei.

K
e - is re - qui - em!
A - gnus
Bl.
De - i, qui tol - lis pec - ca - ta mun - di,

L p assai
do_na, do - na e - is, re - - - - - qui - em!
do - na e - is, do - na e - is re - qui - em!
do - na e - is, do - na e - is re - qui - em!
do - na, do - na e - is re - qui - em!
L Viol.
p assai
M
A - gnus De - - - - i, qui
A - gnus De - - - - i, qui
A - gnus De - - - - i, qui
A - gnus De - - - - i, qui
M
Bl.
tol - - - - - - lis pec - ca - - - ta
tol - - - - - - lis pec - ca - - - ta
tol - - - - - - lis pec - ca - - - ta
tol - - - - - - lis pec - ca - - - ta

N
pp
mun - - - - di, do - na e - - is re - qui -
mun - - - - di, do - na e - - is re - qui -
mun - - - - di, do - na e - - is re - qui -
mun - - - - di, do - na, do - na e - - is re - qui -
Viol.
p assai
cresc.
f
em sempi - ter - - - - - - - - nam!
em sem - pi - ter - - - - - - nam!
em sem - pi - ter - - - - - - nam!
em sem - pi - ter - - - - - - nam!
Bl.
Adagio.
Sopr. Solo.
Lux ae - ter - na lu -
Corni di B.
p

ce - at e - is, Do - mi - ne!
cum san-ctis tu - is in ae - ter - num, qui - a pi - - us
O
Tutti.
es.
Lux ae - ter - na lu -
Tutti.
Lux ae - ter - na, ae - ter - na, ae - ter - na
Tutti.
Lux ae - ter - na, ae - ter - na, ae - ter - - na
Tutti.
Lux ae - ter - na, ae - ter - na, ae - ter - - na
O
ce - at e - is, Do - mi - ne!
lu - ce - at e - is, Do - mi - ne! cum san - ctis,
lu - ce-at e - is, Do - - mi - ne! cum san - ctis, cum
lu - ce-at e - is, Do - - mi - ne! cum san - ctis, cum

cum san-ctis tu-is in ae-ter-num, qui-a pi-us
cum san-ctis tu-is in ae-ter-num, qui-a pi-us
san-ctis tu-is in ae-ter-num, qui-a pi-us
san-ctis tu-is in ae-ter-num, qui-a pi-us
P
es.
es. Do-na,
es.
es. Re-qui-em ae-
Corni.
P
Do-na, do-na e-is,
do-na e-is, Do-mi-ne! do-na, do-na e-is re-
Re-qui-em ae-ter-nam,
ter-nam do-na, do-na

Do - mine! do - - na, do - - na e - is re - - qui - em ae - ter - - -
- qui - em ae - ter - - - nam, do - na e - is, Do - mi - ne! do - na
. do - na, do - na e - - is, do - - na e - is, do - - -
e - is, e - is, Do - mi - ne! do - na do - na
- nam, ae - ter - - - nam, ae - ter - - nam! et lux perpe - tu - a,
e - is, do - na e - is, do - na! et lux per -
na, do - - na, do - - na! et lux per -
e - - is, do - na e - - is, do - - na! et lux per -
Q
Trombe, Timp.
et lux per - pe - tu - a lu - ce - at e - is, et lux per -
pe - tu - a, et lux per - pe - tu - a lu - ce - at e - is, et lux per -
pe - tu - a, et lux per - pe - tu - a lu - ce - at e - is, et lux per -
pe - tu - a, et lux per - pe - tu - a lu - ce - at e - is, et lux per -
p

Allegro.
pe-tu-a lu-ce-at e - is,
pe-tu-a lu-ce-at e - is,
pe-tu-a lu-ce-at e - is,
pe-tu-a lu-ce-at e - is,
cum sanctis tu-is in ae-
cum san-ctis tu - is in ae-
Allegro.
Corno II.
Fag.
Timp.
cum san-ctis tu-
ter - num,
cum san-ctis
ter - num,
R
is in ae-ter - num, cum
cum san-ctis
tu-is in ae-ter - num, in ae-ter-
cum san - ctis tu-is,

san - ctis tu - is in ae - ter - - - - - - num,
tu - - is in ae - ter - - - - - - - - - num, in ae -
- - - num, cum
cum sanctis tu - is in ae - ter - - - - - - - - - - -
S
cum sanctis tu - is in ae - ter - - - - - - - - - - - - -
ter - num, cum san - - - - - ctis, cum san -
san - ctis tu - - is in ae - ter - - - - - - - - - -
- - num, in ae - ter - - - - - - - - - - num,
S
- - - - - - - - - num, cum san - ctis tu - - -
ctis, cum sanctis tu - - - - - - is, cum san -
- - - - - - - - - - - - - - - - num, in ae - ter -
cum san - ctis, cum san - - - - ctis, cum sanctis

T
is in ae - ter - - - - - - - - - - - - - - - - num,
ctis, cum san - ctis, cum san - ctis, cum san - - - - - - - - - ctis,
- - - - - - - num, cum san - ctis
tu - is in ae - ter - - - - - - - - - - - - - - - - -
T
cum sanctis tu - is in ae - ter - - - - - - - - - - - - - - - - -
cum sanctis tu - is in ae - ter - - - - - - - - - - num,
tu - - is in ae - ter - - - - - - - - - - - - - - - -
- - num, cum
U
- num,
cum san - ctis tu - is in ae - ter - - - - - - - - - - - - -
- - - - - - - - - num, in ae - ter - - - - - - - - -
san - ctis tu - - is in ae - ter - - - - - - - - - - - -
U

cum san_ctis tu_ _is in ae_ter_ _ _
num, cum san_ctis, cum san_
num, cum sanctis tu_is_ in ae_ter_
num, cum
num, cum san_ _ _ _ctis tu_is in ae_
ctis, cum
num, cum sanctis tu_is_ in_ ae_ter num,
san ctis tu_ _is in ae_ter_ num,
V
ter_ _num, cum san_ _ctis tu_ _is,
san_ctis tu_ _is, cum san_ctis
in ae_ter_num, cum san_ctis tu_is_ in_ ae_ter_
cum sanctis tu_is_ in_ae_ter_ _num, in ae_ter_

W
cum sanctis tu-is in ae-ter- - - num, in ae-ter- - -
tu-is in ae-ter- - num, in ae-ter- - num, cum san-ctis tu- -
num, in ae-ter- - num, cum san-ctis tu-is in ae-ter- - -
num, cum san-ctis tu-is in ae-ter- - -
W
X
num, cum sanctis tu-is in ae-ter- - - - - - -
is in ae-ter- - - num, in ae-ter- - - num,
num, in ae-ter- - num, in ae-ter- - num, in ae-ter- - -
num, cum san-ctis tu- - is in ae-ter- - - - -
X
- - - - - num, in ae-ter- - - - - num,
cum san-ctis tu- - is, cum san-ctis tu- -
- - - - num, in ae-ter- num, cum san-ctis tu-is in ae-ter- -
- - - - - num, in ae-ter- num, cum sanctis

Y
cum san-ctis tu-is in ae-ter- - - - -
is in ae-ter- - - - - num, cum san-ctis
- - - - - - num, in ae- ter- - - - num,
tu-is in ae-ter- - - - - - - num, cum san-ctis tu-
Y
num, cum san-ctis tu-is in ae-ter- - - -
tu-is in ae-ter- - - - - num. cum san- ctis
cum san- ctis, cum san- ctis, cum san- ctis
is, cum san- - - - - - ctis tu-
Adagio.
num, in ae-ter- - - num, qui-a pi- - - - us es.
tu-is in ae-ter- - - num, qui-a pi- - - - us es.
tu-is in ae-ter- - - num, qui-a pi- - - - us es.
-is in ae-ter- - - - num, qui-a pi-us, pi- - us es.
Trombe, Timp.
Adagio.